CE LIVRE

APPARTIENT À :

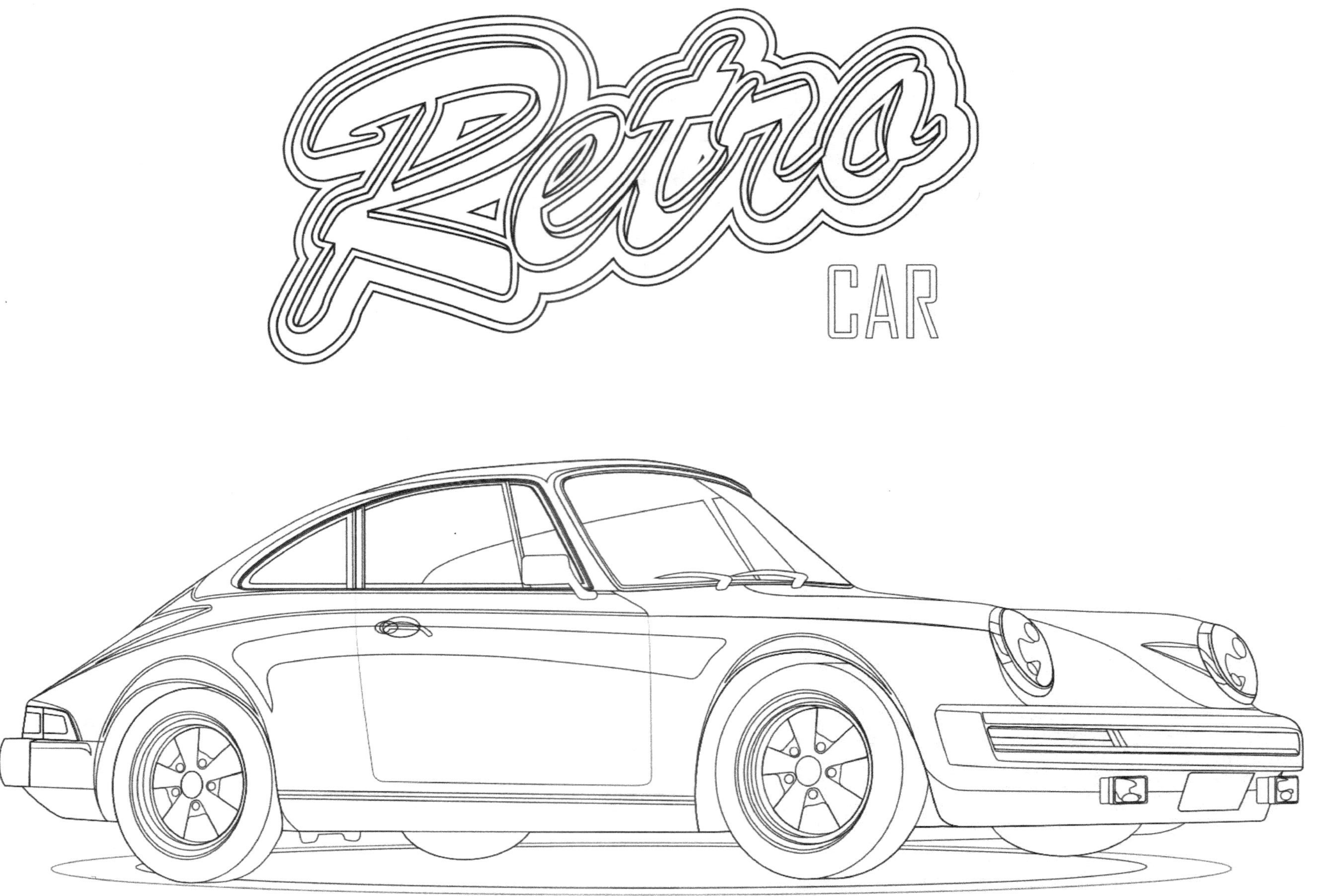

Retro
CAR

CUSTOM
MOTOR

Classy Collection

300 SL

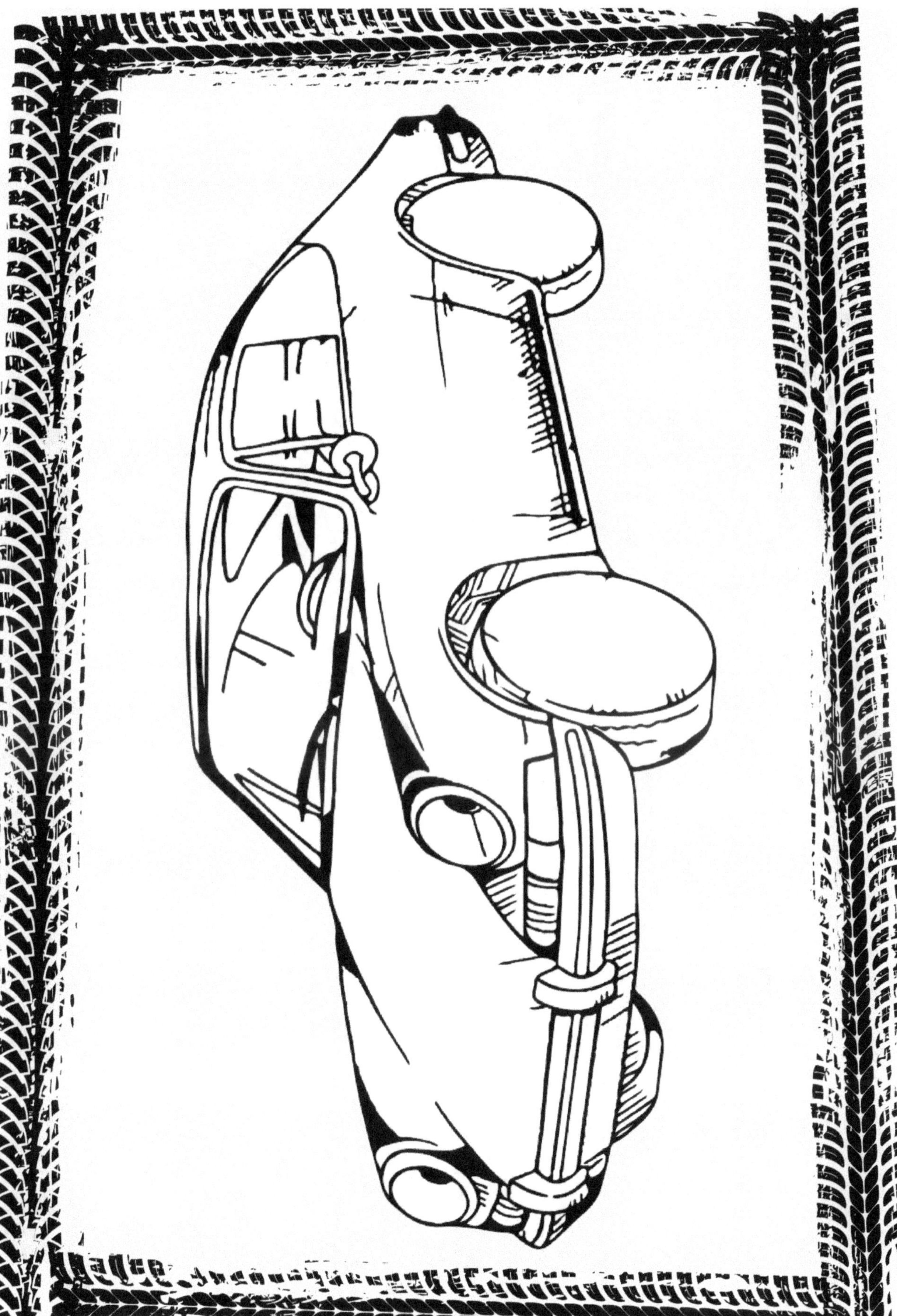

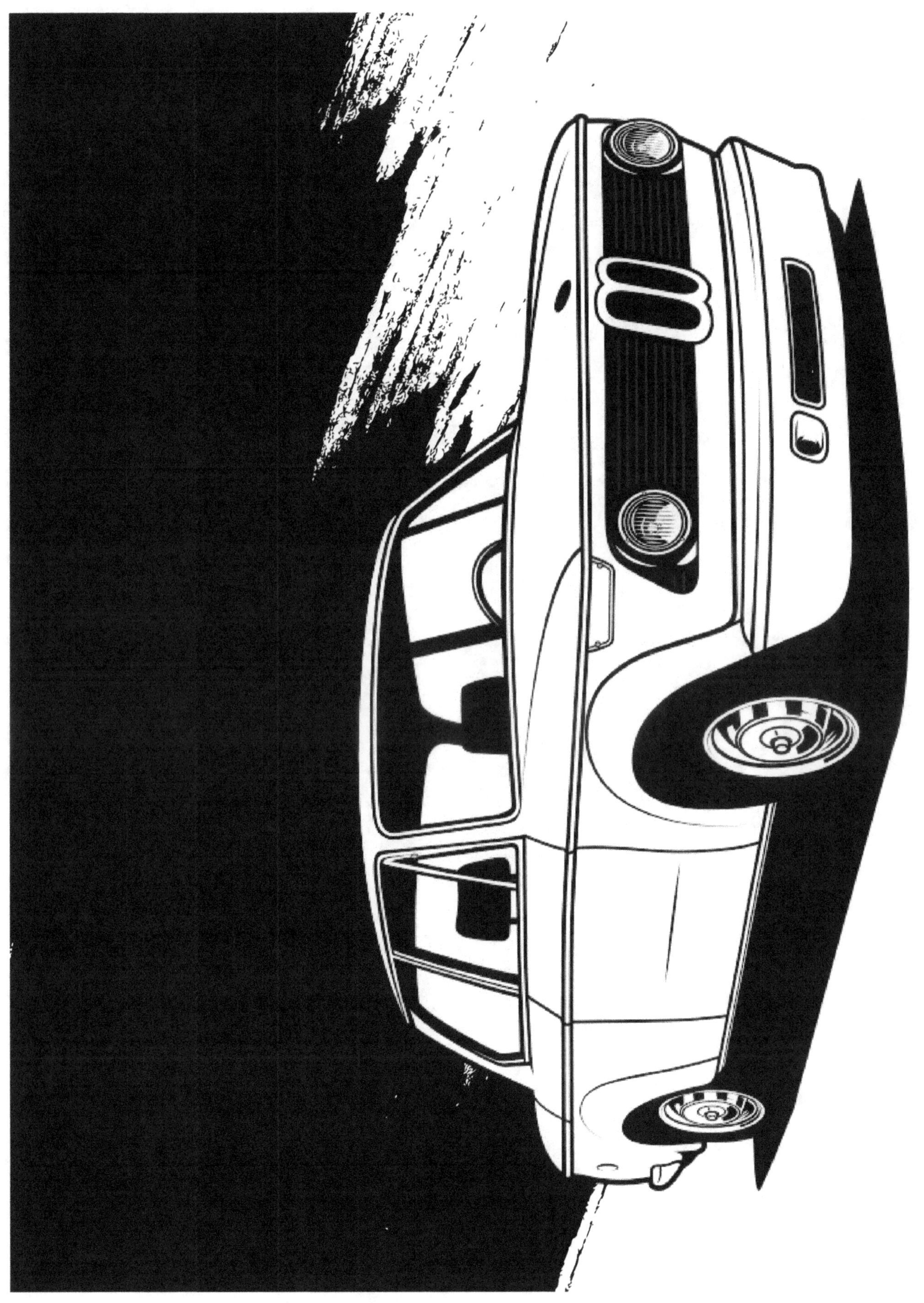

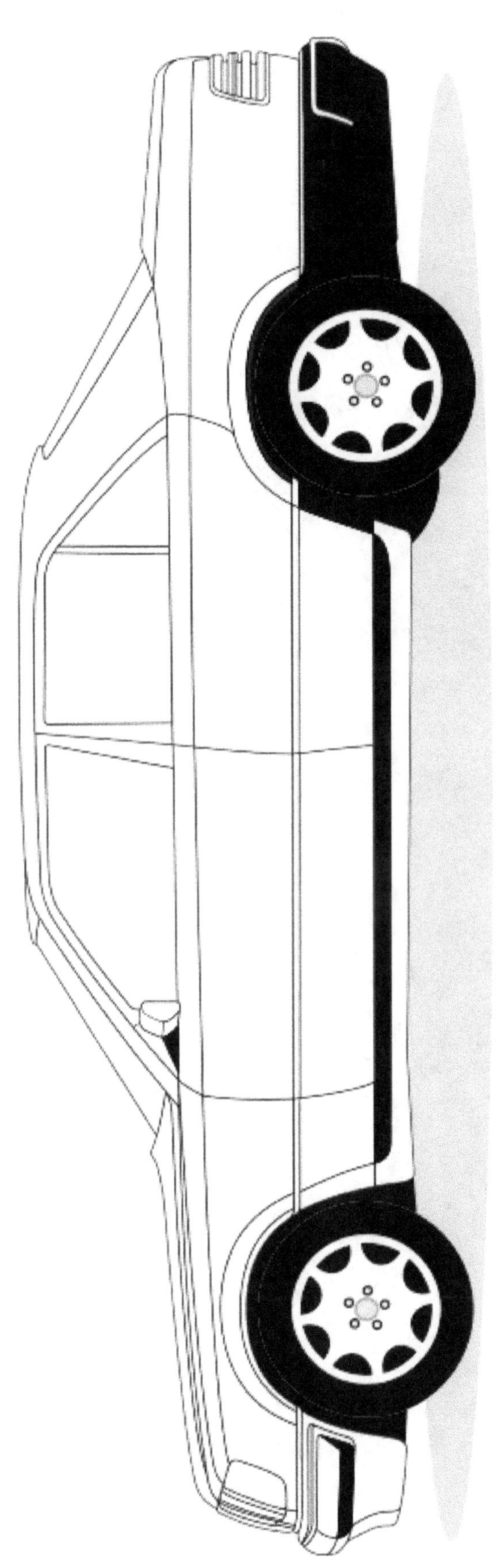

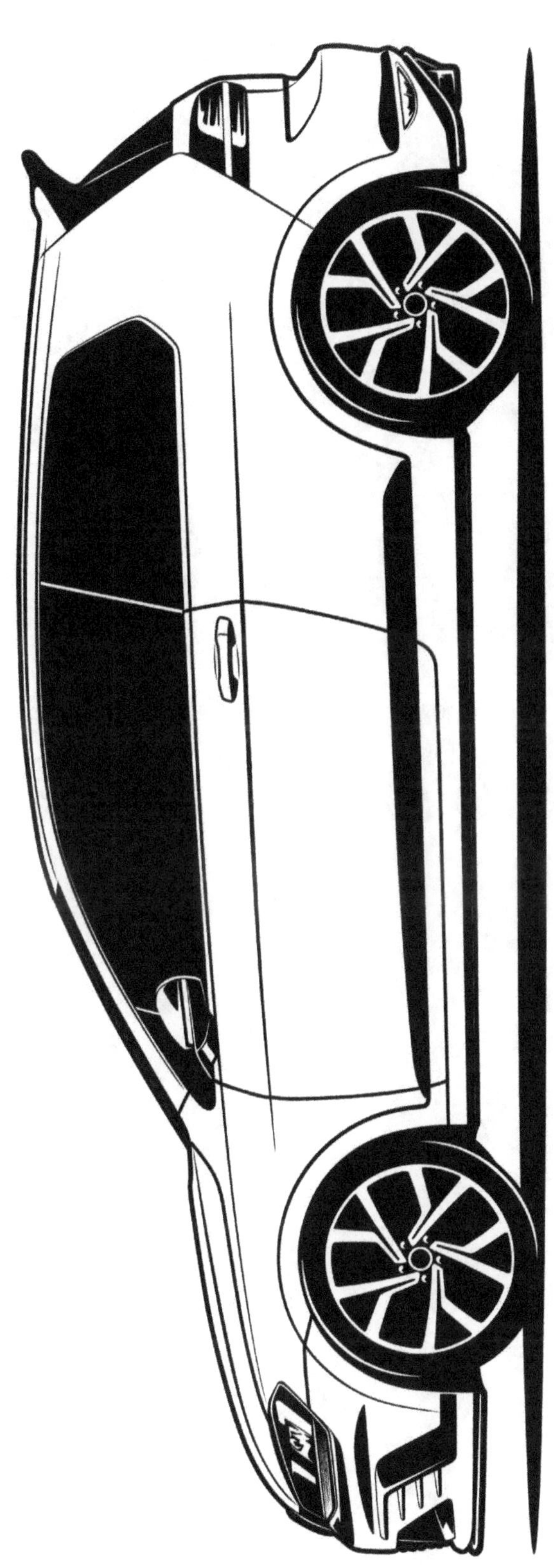

TEST COULEURS

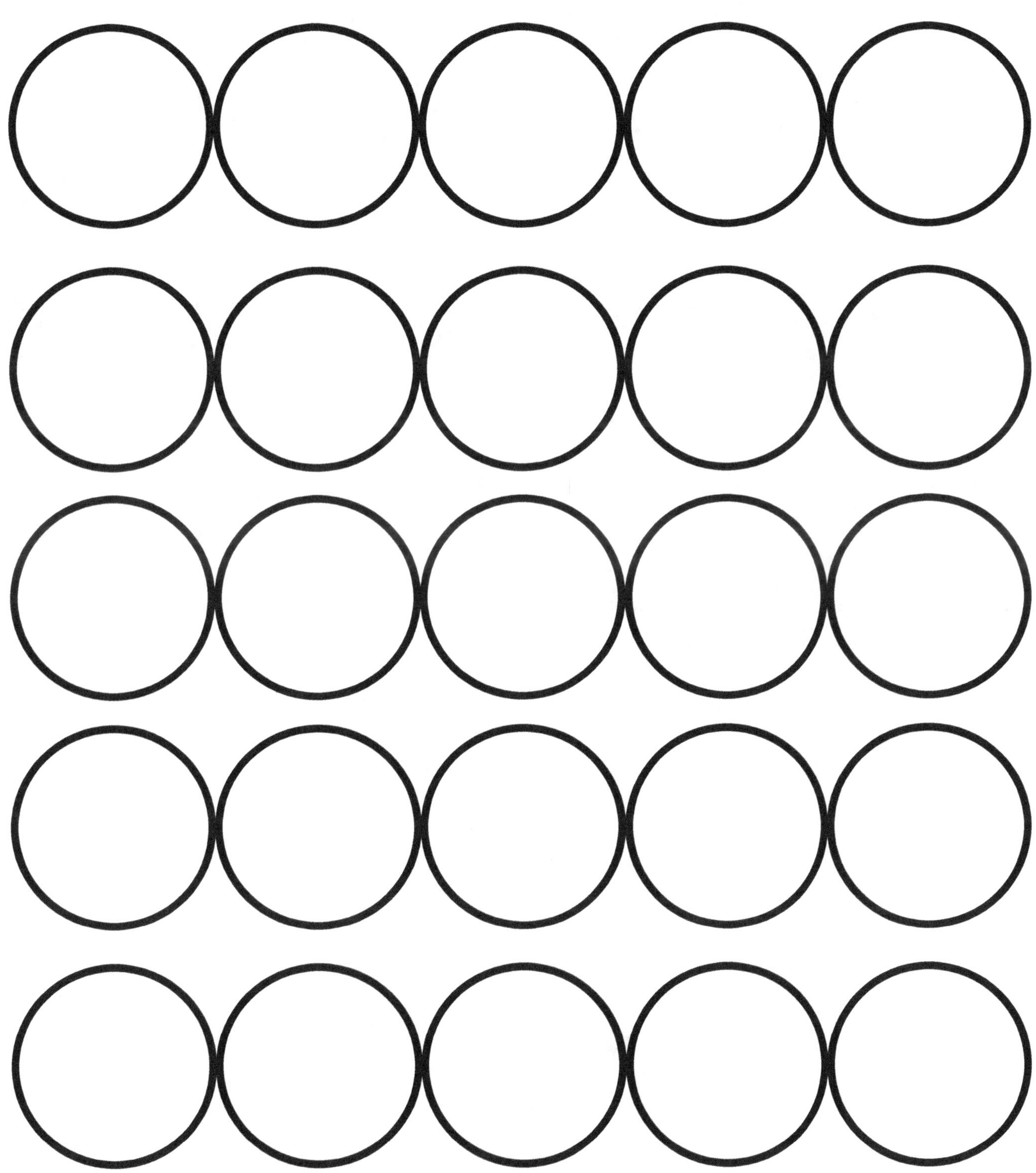

TEST COULEURS

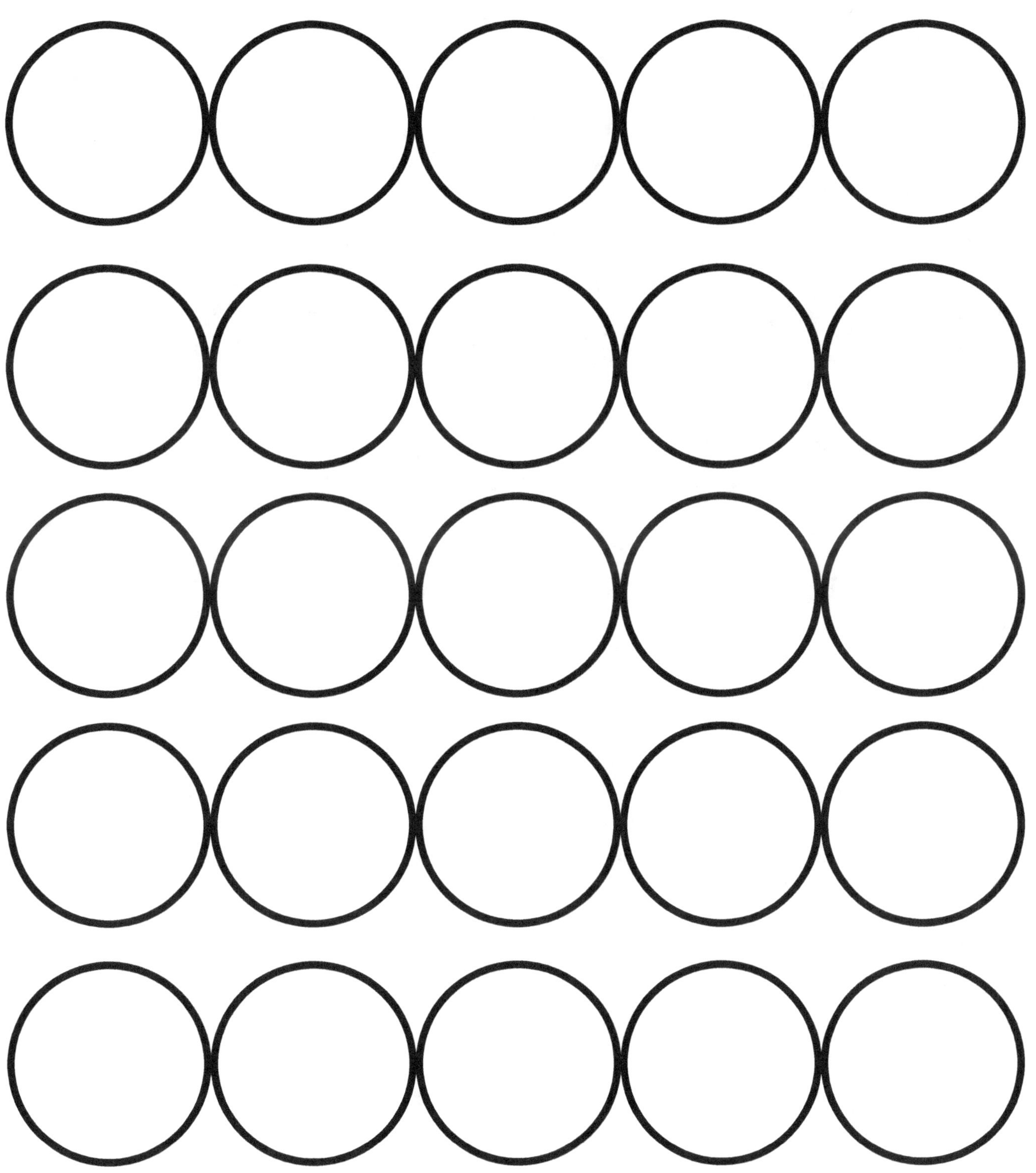